W0073653

Feixen im Advent

24 FRÖHLICHE
WEIHNACHTSGESCHICHTEN

Impressum

© edition Sächsische Zeitung · SAXO'Phon GmbH
Ostra-Allee 20 · 01067 Dresden · www.editionsz.de

Autor: Dr. Peter Ufer · www.peterufer.de

Grafische Gestaltung: Thomas Walther, BBK
Satz, Grafiken: Ö GRAFIK · www.oe-grafik.de

Druck: Graspo CZ

Alle Rechte vorbehalten · 1. Auflage · August 2019

ISBN 978-3-943444-84-1

DIE 24 GESCHICHTEN

Wir schenken uns nichts

**NUR DER ZWECK
HEILIGT DIE SPENDE.
UND JE BEDEUTENDER DER ZWECK,
DESTO HÖHER DER EINSATZ.**

———

Wir trafen uns vorn an der Hausecke. Ich trug einen Beutel bei mir, und mein Nachbar wollte wissen, was ich mit mir rumschleppe. Ich gestand, dass es sich um Geschenke für die kommende Bescherung handeln würde. Er meinte, dass er dieses Jahr jedem, der etwas haben wolle, nur ein winziges Päckchen in die Hand drücken werde und sonst nichts. Man selbst müsse mutig sein und auf Geschenke für andere verzichten.

Ich ärgerte mich, dass ich mal wieder viel zu viel gekauft hatte. Eigentlich lag mein Nachbar richtig, denn man sollte ruhig einfach mal nichts schenken. Man spart sich zudem bei nicht geschenkten Geschenken später das Umtauschen der Geschenke. Gleichzeitig empfinde ich es aber als sehr schön, wenn sich andere über eine Überraschung freuen. Da kann ich mich mitfreuen und genieße das Lächeln der Beschenkten. Nichts bringt nichts, dachte ich. Mein Nachbar klopfte mir auf die Schulter, riss mich so aus meinen Gedanken, und obwohl ich gar keines seiner winzigen Päckchen haben wollte, drückte er mir eines in die Hand.

Ich öffnete die kleine Pappschachtel, entnahm ihr eine gepresste Blüte und ein x-mal gefaltetes Blatt Papier, auf dem stand: »Ich verzichte in diesem Jahr großzügig auf Geschenke zur Weihnacht und setze lieber all meine Kraft dafür ein, dass es sozial benachteiligten Mitbürgern besser gehen möge. Du/Sie weißt/wissen ja, was mir diese Blüte bedeutet. Entscheide/n Du/Sie nun selbst, wie viel sie Dir/Ihnen wert ist, und überweise/n Sie mir eine Spende.« Dann folgte die Kontonummer meines Nachbarn. Er strahlte mich an und sagte: »Na, wie viel überweisen Sie?« Ich wollte von ihm wissen, was es mit der Blüte auf sich habe und welches Projekt von sozial Schwachen er unterstützen wolle. Sein Lächeln verschwand und er sagte. »Ich unterstütze keine sozial Schwachen, denn sozial schwach sind die, die alles haben und nichts geben. Ich unterstütze sozial Starke, denn das sind die, die alles geben und nichts haben.« Ich dachte, dass einer, der nichts hat, auch nichts geben kann, hakte aber nochmals nach.

Er stellte sich gerade hin, drehte sich einmal um sich selbst, nahm die Arme hoch, dann wieder runter, so als würde ein Engel versuchen zu fliegen. »Der Zweck der Mittel steht vor Ihnen«, sagte er. »Und die Blüte bedeutet mir wirklich sehr, sehr viel.«

Bloß nichts vergessen

**PARKSCHEIBEN MÜSSEN
JETZT SELBST BEIM
WEIHNACHTSEINKAUF IM AUTO
LIEGEN, SONST GIBT ES ÄRGER.**

Ich stand an einem verkaufsoffenen Sonntag im Advent in der Schlange im Supermarkt. Ganz vorn bemerkte ich einen Mann, der meinem Nachbarn verdammt ähnlich sah. Er legte einen Weihnachtseinkauf nach dem anderen auf das Kassenband. Einen Schokoriegel, noch einen Schokoriegel und weitere Schokoriegel, denn er entnahm der Packung die Riegel einzeln. Es folgten drei Flaschen Kleiner Feigling im Abstand von dreißig Zentimetern, sieben Pfefferkuchenpackungen, aufgereiht wie eine Slalombahn, drei Pralinenschachteln und fünf Dosen Katzenfutter, die mein Nachbar zu einem Turm aufeinandergestapelt hatte. Nach jedem Ruck des Bandes erneuerte er das Bauwerk, weil es immer wieder umfiel. Die Kassiererin blieb ruhig, schob jede der Waren geduldig über den Scanner. Piep, piep, piep.

Dann stoppte sie, denn auf dem Band lag eine Parkscheibe. Ich hörte, wie die Kassiererin zu meinem Nachbarn sagte, dass er die Parkscheibe unmöglich hier im Laden gekauft haben könne, weil sie sich nicht im Sortiment befinde. Es ging ihm aber gar nicht darum, sie zu kaufen, sondern er forderte einen Parkscheiben-Weihnachtsrabatt.

Die Kassiererin wies ihn darauf hin, dass im Moment keine Parkscheiben-Weihnachtsrabatt-Aktion laufe. Hinter mir rief einer nach vorn: »Stellen Sie sich nicht so an!« Mein Nachbar rief: »Ich stelle mich an, wo ich will!«

Jetzt zeigte er vorn auf das Schaufenster, die Kassiererin schüttelte den Kopf. Er ließ alles an der Kasse stehen, lief vor zum Eingangsbereich und las laut von einem Schild am Schaufenster ab: »Vergessen Sie Ihre Parkscheibe nicht!« Der Mann hinter mir rief: »Zweite Kasse!« Mein Nachbar rief zurück: »Piep, piep, piep!« Dann erklärte er der Kassiererin, dass er genau befolgt habe, was auf dem Schild stehe, nämlich dass er seine Parkscheibe nicht vergessen solle. Und er habe sie nicht vergessen und deshalb eine Belohnung verdient. Der Mann hinter mir sprintete plötzlich zur Seite, weil die zweite Kasse öffnete. Ich folgte ihm mit sportlicher Einlage, bezahlte und lief zu meinem Auto.

Jetzt sah ich auch meinen Nachbarn mit seinen Weihnachtseinkäufen aus dem Markt kommen, er ging zu seinem Auto und entdeckte unter seinem Scheibenwischer einen Strafzettel. Er hatte die Parkscheibe vergessen. Plötzlich sah er mich und fragte leise: »Kennen Sie die Ursachen für Terrorismus?«

Glühwein an Halleluja

**ZWISCHEN OST UND WEST
EXISTIEREN ZU WEIHNACHTEN
GROSSE UNTERSCHIEDE,
VOR ALLEM BEI TROCKNERN.**

*W*ir trafen uns zum Start in die Glühwein-Saison. Wenig später standen wir an einem dieser Marktstände, und mein Nachbar meinte, dass hier aus Plastekanistern Flüssigkeiten in Töpfe geschüttet, Zimt dazugegeben, das Gebräu erhitzt und dann als edelsüffig-romantischer Adventswein verkauft würde. Wenn schnell das Halleluja im Kopf bimmle, wisse jeder, dass man hier zusammenpansche, was nicht zusammengehöre.

Plötzlich hielt er inne und meinte, dass er das böse Wort »Plaste« gesagt habe. Dabei wisse er doch, dass es heute »Plastik« heiße. »Wo ist das Problem?«, fragte ich. »Das Problem besteht darin, dass ich in den Weihnachtsferien Besuch von drüben bekomme, mich aber immer wieder durch meine Wortwahl als Ostgeborener verrate, der offenbar noch nicht die Sprache der deutschen Einheit spricht.« Ich gestand ihm, dass ich kein Problem damit hätte, dass auch fast 30 Jahre nach der Vereinigung Unterschiede im Sprachgebrauch zwischen einzelnen Bundesländern bestünden. Er nahm einen Schluck Glühwein und sagte: »Wussten Sie, dass sogar unterschiedlich Wäsche getrocknet wird?«

Er belegte seine These, denn im Westen würden rund 55 Prozent aller Haushalte über einen Wäschetrockner verfügen, im Osten nur 24 Prozent. »In Sondierungsgesprächen der Regierung soll deshalb die CSU vorgeschlagen haben, dass sämtliche ostdeutschen Haushalte zu Weihnachten einen Wäschetrockner geschenkt bekommen«, sagte mein Nachbar. Wir könnten ja aus Dankbarkeit im Gegenzug in den bayerischen Alpen Schnee schippen, schlug er vor. Ich nahm einen Schluck Glühwein.

»Wissen Sie«, sagte er, »dass der Präsident der Bundeszentrale für politische Bildung als Überraschung unter dem Weihnachtsbaum eine Quote für Ostdeutsche gefordert hat?« Er meinte, dass er deshalb vor Tagen nach einem Besuch des Weihnachtsmarktes in München abends an der Theaterkasse, wo ein Weihnachtsmärchen aufgeführt wurde, eine Ermäßigung wie für Behinderte gefordert habe. Beim Busfahren habe er zudem darauf bestanden, dass der Fahrer an der Bordsteinkante das Trittbrett für Rollstuhlfahrer runterlasse, erst dann sei er eingestiegen. Der bayerische Busfahrer habe übrigens Verständnis gezeigt, er sei 1991 aus Görlitz nach München gekommen.

Ich trank den Glühwein aus und meinte, dass zum Glück zu Weihnachten alle zusammen feiern würden. Mein Nachbar rief: »Sie haben das böse Wort ›zu‹ gesagt! Es heißt doch jetzt endgültig ›an‹!«

Das kann man sich sparen

**EIGENTLICH REICHT ES FÜR ALLE,
AUCH FÜR DIE REICHEN.
ABER VOR ALLEM REICHT ES JETZT.**

Wir hatten noch nicht viel gemeinsam unternommen. Deshalb schlug ich vor, sich an einem Dezembernachmittag mal besinnlich bei Kaffee und Stollen zusammenzusetzen. Gestern saßen wir zusammen. Mein Nachbar sagte: »Schön besinnlich so bei Kaffee und Stollen.« Ich nickte. Er sagte: »Soll ich Ihnen mal den kürzesten Witz Deutschlands erzählen?« Ich hatte keine Lust auf Witze, wollte lieber einfach ganz besinnlich zusammensitzen, aber er fing an: »Treffen sich ein armer und ein reicher Deutscher.« Ich meinte, dass ich das gar nicht lustig fände, und er sagte: »Nein, das ist nicht lustig, aber ein Witz.«

Dann erklärte er, dass er noch einen schönen Scherz parat habe, und ich entgegnete, dass ich lieber ganz besinnlich bei Kaffee und Stollen zusammensitzen möchte. Aber er legte los: »Ein reicher nicht arbeitender Deutscher zahlt jährlich für seine Kapitalerträge 25 Prozent Steuern. Ein nicht reicher arbeitender Deutscher zahlt von seinem Gehalt oder Lohn 49,4 – also fast 50 – Prozent Steuern und Abgaben.« Mein Nachbar schmunzelte und kündigte die Pointe an: »Ein reicher Deutscher, der nichts leistet, kommt beim Staat um 25 Prozent besser weg als ein nicht reicher Deutscher, der was leistet.«

Ich meinte, dass ich einfach besinnlich zusammensitzen wolle und keinen antikapitalistischen Vortrag gebucht hätte, aber er kündigte einen weiteren Witz an: »1970 besaßen die reichsten zehn Prozent der Deutschen etwa 40 Prozent des gesamten Vermögens, heute besitzen dieselben zehn Prozent mehr als 70 Prozent des gesamten Vermögens aller Deutschen.« Er wollte mir tatsächlich den besinnlichen Nachmittag, den Kaffee und den Stollen madig machen. Ich meinte, dass man dann eben die Steuern auf die Vermögen erhöhen müsse. Da sagte er, dass es dazu auch einen sehr schönen Witz gebe: »Es existiert in Deutschland zwar ein Vermögenssteuergesetz, aber 1997 beschloss der Bundestag, keine Steuern mehr auf Vermögen zu erheben.«

Die Adventsstimmung war dahin, der Kaffee kalt, der Stollen trocken. Doch mein Nachbar gab nicht auf und reichte einen Vorschlag zur Güte ein: »Jeder arbeitende Deutsche sollte sein Vermögen in Steuern anlegen, dann spart er viel, und außerdem werden sie bestimmt demnächst wieder steigen.«

Vierundzwanzig mal drei

DIE SCHÖNSTEN ADVENTSKALENDER SIND BILLIG, VOR ALLEM WENN NIKOLAUS VORBEI IST.

Er bat mich, in seine Wohnung zu kommen. »Ich brauche Ihre Hilfe«, sagte mein Nachbar. Ich folgte ihm. Auf dem Tisch in seiner Stube stapelten sich Adventskalender. »Wie viele solcher weihnachtlichen Almanache besitzen Sie denn?«, fragte ich. Er antwortete: »Vierundzwanzig.«

Ich meinte, dass er da etwas falsch verstanden habe und vierundzwanzig Adventskalender ja auch nicht gerade billig seien. Er antwortete: »Ich habe alles richtig verstanden und kaufe die Dinger immer erst am 7. Dezember. Da sind sie im Ausverkauf billiger, und ich kann sie bis Silvester benutzen. Genau genommen zahlte ich für die vierundzwanzig Kalender vierundzwanzig Euro.«

Ich staunte über seinen Pragmatismus und sah mir den Stapel an. Da lagen ein Hello-Kitty-, ein Sesamstraße-, ein Hunger-Spiele-, ein Penthouse-Bikini-Girls- sowie ein Tee-Adventskalender. Dieser war befüllt mit Teebeuteln. Als ich mir das Kleingedruckte durchlesen wollte, nahm mir mein Nachbar den Karton aus der Hand und sagte: »Den habe ich bei ebay für einen Euro ersteigert. Das Wasser dazu muss man allerdings selber erhitzen.«

Ich nahm von dem Stapel einen weiteren bunten Weihnachtszeitrechner, es handelte sich um einen Europol-Adventskalender, dessen Inhalt weder aus Schokolade noch aus kleinen Geschenken bestand, sondern hinter jedem Türchen lagerten die Steckbriefe von Europas meistgesuchten Verbrechern. Als ich wissen wollte, was das bedeutet, entgegnete mein Nachbar, ich solle nicht so viele Fragen stellen, sondern ihm helfen, die Kalender an der Wand anzubringen.

Wir nagelten also vierundzwanzig Adventskalender in allen Formen und Farben an die Wand. Das sah nach der Fertigstellung sehr besonders aus. Diese Formulierung wird heute gern benutzt, um nicht sagen zu müssen, dass man etwas scheußlich findet. Mein Nachbar indes wirkte sehr zufrieden. Dann setzten wir uns, tranken einen Glühwein, und er erklärte mir das Prinzip seiner 24-24-24-Idee: »Ich kann mir für vierundzwanzig Euro vierundzwanzig Tage lang jede Stunde etwas bescheren. So wird es mir nicht langweilig, und ich komme nicht auf blöde Gedanken in dieser heimeligen heiligen Zeit.«

Im Notfall ein Hirn

**PATIENTEN ZEIGEN SICH IM ADVENT
IHREN ÄRZTEN ERKENNTLICH.
DOCH DAS FÜHRT OFT
ZU VERSTOPFUNGEN.**

Gerade in der Adventszeit möge der Mensch dankbar sein. Das erklärte mir mein Nachbar. Doch er sah unglücklich aus. Ihm sei es im Vorfeld des zweiten Advents nicht gelungen, seinem Hausarzt die richtige Aufmerksamkeit zu schenken. »Sie hätten ihm doch einfach eine Packung ›Merci‹ oder ›Mon Cheri‹ zustecken können«, sagte ich.

Ja, meinte er, auf diese Schnapsidee sei er als jahrelanger Patient auch schon gekommen. Doch am Empfangstresen des Arztes seiner Schmerzen habe ein Schild geklebt, auf dem stand: »Liebe Patienten! Bitte verzichten Sie darauf, mir zu Weihnachten Merci, Mon Cheri, billige Strick- oder Backwaren zu schenken!!!!« Das fand ich krank und fragte, was denn das für eine Praxis sei.

Mein Nachbar gab zu, dass er den Mediziner durchaus verstehen könne. Was solle der denn mit Tausenden bunten Topflappen, Socken in Übergröße, massenweise trockenem Stollen, Plätzchen oder Hunderten Schachteln Pralinen. Das führe doch über die Feiertage nur zu Verstopfungen oder zu Alkoholismus. Ich fand es nett, dass Patienten im Rahmen ihrer Möglichkeiten überhaupt ein Mitbringsel mitbringen. Mein Nachbar stimmte mir zu, aber ergänzte, dass die Entsorgungskosten für derlei Überraschungen am Ende doch nur zur Erhöhung der Krankenkassenbeiträge beitragen würden.

Das brachte ihn plötzlich auf den Gedanken, einem Arzt zu Weihnachten einfach eine Finanzspritze zu vermachen. »Oder Sie schenken ihm ein Notfallhirn«, sagte ich. Mein Nachbar feixte und ergänzte: »Frischhaltepillen wären für den Doktor sicher auch nicht schlecht. Jedenfalls verweigert er diese Einnahme nicht.« Wir stellten eine Liste rezeptfreier Patientengeschenke zusammen, um sie später an die Eingangstür der Praxis zu hängen. Erstens: Überlebensdragees für überfüllte Wartezimmer. Zweitens: Kopfhochtabletten für miese Diagnosen. Drittens: Quacksalberstopp für überdimensionierte Behandlungen. Viertens: Übersetzungspulver für Rezepte.

Mein Nachbar meinte, dass es ihm plötzlich viel besser gehe. Jetzt könne er seinem Arzt endlich richtig danken, denn der habe kürzlich zu ihm gesagt, dass die Kosten für die nächste Operation sicher seine Erben zahlen würden.

7.

Der Bläser im Laub

**DIE LETZTEN VORKOMMEN
VON MÄNNLICHKEIT SIND KURZ
VOR WEIHNACHTEN
VERSCHWUNDEN.**

Wir liefen Anfang Dezember durch den kleinen Park gleich bei uns um die Ecke. Da sahen wir einen Mann, der hinter einem mächtigen Baum hervorkam. Ich dachte erst, es handele sich um den Nikolaus, aber dieser Typ trieb mit einem Laubbläser Blätter vor sich her. Mein Nachbar sagte: »Die Peinlichkeit hat viele Gesichter, das ist eins davon.«

Der Mann fühlte sich wohl zu einer Erklärung genötigt und meinte, er wolle, kurz bevor der Schnee für die weiße Weihnacht falle, noch schnell alle Wege vom letzten Laub befreien. Er wirbelte Blätter auf und drückte sie dann nieder, versuchte so, einen Haufen zusammenzublasen. Aber eine leichte Brise wedelte den Baumabfall auf die Wege zurück. Ich meinte, das wäre eine Arbeitsbeschaffungsmaßnahme, eine Beschäftigungstherapie für Männer, die sich etwas dazuverdienen wollen, um ihrer Frau Weihnachtsgeschenke machen zu können. Mein Nachbar sagte: »Nein, hier sehen Sie den Restbestand des Mannes: das Endstadium eines Wurmfortsatzes. Männer mögen eigentlich Kettensägen, um Bäume zu fällen. Oder haben Sie schon mal etwas von einem Laubbläser-Massaker gehört?«

Mein Nachbar wies darauf hin, dass die Vorfahren dieser Luftikusse mitten im Frost noch Tannen mit Sägen gefällt hatten, anstatt im sonnigen Frühwinter Blattwerk mit einem Benzinbläser zu bepusten. »Die Alten leisteten noch Handarbeit im Wald, während ihre Enkel weichgesichtig als Sinnbild der Sinnlosigkeit kurz vor der Bescherung mit dem Gegenwind über seine Stärke diskutieren.« Wer je die Meinung vertreten habe, dass deutsche Männer gefährlich seien, könne hier ihre Harmlosigkeit betrachten.

Ich wandte ein, dass sich Männer zu Weihnachten auch Parfüm oder Rasierschaum wünschen würden. »Deswegen«, sagte mein Nachbar, »müssen sie doch aber nicht mit ohrenbetäubendem Lärm durch Parks blasen und auf ihren Zustand der Kastration hinweisen.« Der Großstadtmacho sei inzwischen eine Art zipfelbemützter Wichtel, der längst die Selbstkontrolle über sein Leben verloren habe und sich lange vor der Bettlägerigkeit von seiner Frau zwingen lasse, wie ein Kater im Sitzen zu urinieren. Der Kater, darauf wies mein Nachbar hin, tue das immerhin freiwillig.

Er ließ sich nicht beruhigen, sondern erklärte, dass dieser Laubbläser ja auch noch Ohrenschützer und einen Helm samt Sichtschutz trage. Dieser geschlechtslose Schlaffi sei die Höchstform der Selbsterniedrigung. Hätte Jesus geahnt, was über 2 000 Jahre nach seiner Geburt aus der maskulinen Schöpfung Gottes einmal werden würde, wäre er wohl nie auf diese Welt gekommen.

Die Weihnachtszeit drängt

**DEUTSCHLAND WIRD VON EINEM
BEDROHLICHEN TERMIN ERPRESST.
GLEICH KOMMT DER
VIERUNDZWANZIGSTE!**

Er kam vom Weihnachtseinkauf, wirkte abgehetzt, sah mich und sagte: »Ich verstehe die Weihnachtszeit nicht mehr.« Dann tigerte mein Nachbar im Hausflur hin und her und meinte: »Ich höre in diesen Adventstagen ständig in den Nachrichten, dass wir rasch alles erledigen sollen oder dringend ein Geschenk gesucht wird, weil die Zeit drängt. Ein Wunschzettel muss abgearbeitet werden, die Familie müsse schnellstens zusammenkommen, weil der Vierundzwanzigste naht.«

Jetzt blieb er endlich stehen und sagte: »Sollten wir uns gerade zu Weihnachten nicht besinnen und stille Nacht bewahren? Aber nein, überall drängt die Zeit, Chancen minimieren sich, weil die Zeit drängt, sofortige Unterschriften sind gefragt, weil die Zeit drängt, Vorschläge müssen augenblicklich auf den Tisch, weil die Zeit drängt. Kann denn die Zeit nicht mal aufhören, so zu drängen, verdammt!« Es sei unerträglich, was die Zeit da anrichte, denn immer erkläre sie, dass es allerhöchste Eisenbahn sei. Sie setze nicht nur Väter oder Mütter, sondern Vorstände von Unternehmen, Stadträte, Europaabgeordnete oder Regierungen unter Druck, weil sie in Höchstgeschwindigkeit Stunden runterzähle. Es stehe ein bedrohlicher Termin kurz bevor, der Vierundzwanzigste! Der Countdown der Weihnachtszeit sei eine Erpressung. Aber keiner erstatte Anzeige.

Er suche schon seit Längerem nach der Ursache, wie es der Zeit gerade in der Weihnachtszeit straffrei gelinge, Menschen derartig zu bedrohen. Alle wüssten genau, dass sie sofort Dinge erledigen müssten, weil es eine imaginäre Zeitspanne verlange und somit Eile geboten sei. Der Adventskalender wirke wie ein Damoklesschwert. Offenbar werde ein entsetzliches Ereignis eintreten, wenn etwas in einem vorgegebenen Zeitrahmen nicht geschafft werde. Hinter dem Endpunkt des Drängens müsse die Apokalypse liegen, denn keiner wehre sich gegen die Fünf-vor-zwölf-Taktik. Im Gegenteil. Sobald irgendetwas erledigt sei, gelänge es der Zeit im Handumdrehen, die nächste Entscheidung zu bedrängen. Keinem Menschen sei es bisher gelungen, einfach mal mit der Zeit zu reden, ob sie ihr blödes Gedränge nicht sein lassen könne. Nein, alle würden immer mit der Zeit gehen beziehungsweise vor ihr herrennen, nur damit sie keine schlechte Laune bekomme.

Das sei doch irre. Die Regierung debattiere über Geschwindigkeitsbegrenzungen auf Autobahnen, aber die Weihnachtszeit dürfe ungehindert beschleunigen und das ganze Land in einen akuten Zustand versetzen. »Das muss endlich aufhören, denn nach wie vor drängt die Zeit!«, forderte mein Nachbar.

Von Glocken taub

**JEDER FEIERT WEIHNACHTEN
AUF SEINE WEISE.
MANCH EINER MÖCHTE IN WAHRHEIT
GESTÖRT WERDEN.**

»Einen schönen zweiten Advent!«, rief mir mein Nachbar am Sonntagmorgen zu. »Brauchen Sie vielleicht einen Weihnachtsbaum?« Er könne mir einen abgeben, denn er habe ein viel zu großes Exemplar im Wald geschlagen, das weit über seine Zimmerdecke hinausreiche. Deshalb habe er den Stamm in der Mitte durchgesägt, und nun stünden ein dickeres und ein dünneres Tännchen in seiner Stube.

Ich folgte meinem Nachbarn in seine Wohnung, um sein Sägewerk zu betrachten. In der einen Ecke des Raumes lehnte an der Wand die grüne Spitze einer Nordmanntanne. »Ist für Sie«, sagte er. In der Mitte der Stube aber ragte ein grüner krummer Strauch in die Höhe, oben geköpft wie Ludwig XVI. auf der Guillotine. An den Zweigen hingen Gabeln, Löffel und Tassen, auf den Nadeln lagen flügelähnlich gefaltete Zeitungsseiten, oben auf dem Stamm befand sich ein umgedrehter Alu-Trichter. Rings um das Krüppelkunstwerk bildeten Bierflaschen einen Kreis. Den Glashälsen waren Kerzen aufgesteckt, die mein Nachbar jetzt anzündete. Ich staunte nicht schlecht.

Er sah mich triumphierend an. »So was haben Sie wohl noch nie gesehen?!« Nein, das hatte ich nicht. Im Gedicht »Einsiedlers Heiliger Abend« von Joachim Ringelnatz hatte ich nur mal von einem ähnlichen Christbaum gelesen. Der Held seiner Zeilen, erzählte ich, kochte sich zur Bescherung Erbsensuppe und Speck, gab seinem Hund Gulasch und litt seinen Dreck. Er sang aus burgundernder Kehle irgendein Lied und pries mit bewundernder Seele alles das, was er mied. Den Weihnachtsmann ließ er nicht hinein, sondern ging leise zu Bett, ohne Angst, ohne Spott und dankte auf krumme Weise lallend irgendeinem Gott.

»So mache ich es auch«, sagte mein Nachbar. Er werde am Weihnachtsabend die Reste aus seinen Bierflaschen trinken, dann Kerzenstummeln Geschenke kredenzen und sein Gesicht in den Löffeln spiegeln, um das eine oder andere zu begrüßen. Später klettere er in den Turm der Kirche um die Ecke und lasse sich dort von den Glocken taub schlagen. Er ertrage es einfach nicht, die vielen Chöre voller Lieder zu hören. Er suche die Stille der Nacht. »Hier, nehmen Sie Ihren Spitzenbaum und unterstehen Sie sich, mich am 24. zu stören. Schon mal fröhliche Weihnachten!«

Kartoffelsalat mit Gift

**EIN PULVER AUS DDR-ZEITEN
SCHEINT NOCH BESTENS
AUF DAS WEIHNACHTSESSEN
ZU WIRKEN.**

Im Keller hörte ich komische Geräusche. Ich lief die Treppe nach unten und sah meinen Nachbarn. Ich fragte: »Verstecken Sie Ihre Geschenke?« Er antwortete, dass er keine Heimlichkeiten habe, sondern Vorratswirtschaft für die bevorstehenden Feiertage betreibe und deshalb nachsehe, ob die Kartoffelhorde noch in Ordnung sei. »Sind denn die Zeiten so schlecht, dass Sie Gemüse horten müssen?«, fragte ich.

Er sah mich mitleidig an. »Haben Sie noch nie etwas von einer Kartoffelhorde gehört?« Das sei ein ganz normaler Vorgang, um Kartoffeln für das kommende Weihnachtsessen zu lagern, denn schließlich würde es ja nach der Bescherung wieder Wiener Würstchen mit Kartoffelsalat geben. Leider würden Menschen heute bei Horde nur noch an eine umherziehende wilde Bande oder Rotte denken, die sich auf Weihnachtsmärkten rumtreibe. Ich gestand ihm, dass ich bei Horde zuerst an eine freie, webbasierte Groupware gedacht hatte. Er sagte: »Vermutlich ist das nicht mal ein Unterschied.«

Er legte, ausgerüstet mit weißen Handschuhen, eine Kartoffel nach der anderen in ein Holzgestell und streute ein weißes Pulver darüber. »Streuen Sie Schnee über die Erdäpfel?«, wollte ich wissen. Er sagte: »Das ist Keimstopp.« Ich fragte, ob das nicht verboten sei. Er sah mich erneut ziemlich mitleidig an und sagte: »Kann sein, dass das mal irgendjemand verboten hat. Ich habe aber noch alte Bestände aus DDR-Zeiten, und die wirken nach wie vor.« Ich gab ihm zu verstehen, dass das bestimmt Gift sei, das man besser nicht mit Lebensmitteln in Verbindung bringen solle.

Da blies er mir von seinem Handschuh Pulver ins Gesicht, lachte und rief: »Oh, jetzt werden Sie gleich sterben, Sie Lebensmittel!« Ich schüttelte meinen Kopf wie ein Hund seinen Körper, wenn er aus dem Regen kommt. Mein Nachbar meinte, dass er jedes Jahr vor Weihnachten das Pulver über die Kartoffeln streue und immer noch leben würde. Zu DDR-Zeiten hätten das Bürger massenhaft genauso gemacht, aber die Bevölkerung habe sich deshalb nicht selbst ausgerottet. »Heute sind alle Mimosen, die glauben, dass früher die Arbeiter und vor allem die Bauern Idioten gewesen sind.«

Gegen Keime, die keiner will, müsse man manchmal radikal vorgehen. Dann müsse man Stopp über sie streuen, bevor sie die Möglichkeit nutzen würden, aufzugehen. »Mit Keimen können Sie nicht diskutieren, ob sie vielleicht lieber nicht keimen. Die keimen, das ist die Bestimmung des Keims.« Er lud mich für den Heiligen Abend zu Bratkartoffeln mit Speck und Spiegeleiern ein. Ich nahm seine Einladung todesmutig an.

Weihnachten im Koffer

MITUNTER FÜHREN FUNDSACHEN ZUR WAHREN LIEBE. EHRLICHE VERLIERER BEWEISEN DAS.

Er schleppte am dritten Advent einen Reisekoffer in meine Stube. »Was soll das?«, fragte ich. Mein Nachbar: »Weihnachten kommt, da habe ich für Sie ein Geschenk organisiert.« Sein »organisiert« klang verdächtig. Aber ich verdrängte den Gedanken, denn nicht jedem muss etwas unterstellt werden, nur weil er einem einen Koffer in die Stube stellt. Meine Wohnung ist ja kein Flughafen.

»Wo haben Sie denn das Gepäckstück her?«, fragte ich. »Vom Flughafen«, sagte er. Mein skeptischer Blick zwang meinen Nachbarn zu einer Erklärung. Er sei diese Woche Teilnehmer einer Versteigerung von nicht abgeholten Fundsachen gewesen. 7,62 Euro habe er für diese Reiseausrüstung geboten und den Zuschlag bekommen. Allerdings werde vor der Auktion nicht erklärt, was für Innereien sich in dem Koffer befänden. Es handele sich hier um ein Blind Date, also die Katze im Sack.

Vorfreude sei zwar die schönste Freude, sagte er, aber er könne nicht mehr warten und wolle jetzt mit mir die Bescherung zelebrieren. Er zog Gummihandschuhe an, band einen Mundschutz um. Ein neuer Verdacht stieg in mir auf. Doch mein Nachbar erklärte, dass er wegen der Kontamination vorsichtig sein müsse, denn es handele sich hier nicht um einen Hin-, sondern einen Rückflugkoffer. Er knackte das Schloss, griff in die Vordertasche. Dort holte er ein Mokeru-Ingwer-Haar-Hunde-Shampoo und einen Zarupeng-Klapphandfächer mit Kirschblütenmalerei heraus.

Dann öffnete er den Kofferdeckel. Auf einer Decke mit Stickereien des Pekinger Kaiserpalastes lagen ein aufblasbarer Gummi-Bonsai-Tannenbaum, eine hundert Meter lange LED-Lichterkette, eine Packung Kristallacrylstein-Schneeflocken, ein 1 000er-Set Plasteweihnachtsbaumkugeln, 200 Goldblechklingelglöckchen und eine Kiste XL-Räucherstäbchen mit Lavendel-Duft und der Aufschrift »Danke«. Aus einer Seitentasche zog er einen roten Faden mit Kordel, an dem hingen Feng-Shui-Glücksmünzen und ein Glasherz mit den eingravierten Namen Li & Li.

Plötzlich packte mein Nachbar alles ein und meinte, dass er mir das unmöglich schenken könne. Er werde in sämtlichen chinesischen Restaurants der Stadt nach dem ehrlichen Verlierer fahnden, denn der habe Weihnachten wirklich verstanden.

Blöde fröhliche Vorweihnachtszeit!

NICHT MAL EINE ORDENTLICHE DEPRESSION GIBT ES MEHR IM DEZEMBER. WAS IST NUR LOS?

Auf der Treppe kam mir mein Nachbar entgegen. Unter dem Arm trug er frisch getrocknete Handtücher und Socken. »Ich hasse diesen Winter«, sagte er. Das warme Wetter lasse ihn einfach nicht in seine sonst jährlich geplante Dezemberdepression verfallen.

»Da können Sie doch glücklich sein«, sagte ich. »Sie haben keine Ahnung«, entgegnete er, »so eine Jahresselbstmordendzeitstimmung gehört doch in unseren Breiten dazu. In den vergangenen Jahren konnte ich meine Handtücher und Socken in der Stube über der Heizung oder auf den Rückenlehnen der Stühle trocknen. Im Zimmer wurde es dann so schön klamm. Ich verkroch mich auf dem Sofa unter drei Decken, während auf dem Tisch eine Kerze flackerte und im Fernsehen irgendein russischer Märchenfilm lief. Das fehlt mir.« Manchmal habe er die Handtücher und Socken auch wochenlang gar nicht gewaschen. Sie wurden dann langsam hart und rochen wie modrige Bretter aus einem längst vergessenen Schafstall. Das fehle ihm irgendwie.

Jetzt lache ihm schon am Morgen die Sonne ins Gesicht, Licht durchflute seine Stube, der Himmel sei unverschämt fröhlich blau, und selbst nachts könne er einen hellen Sternenhimmel sehen, als wäre er mit der Sojus ins Weltall geflogen. »Das ist doch nicht die normale Normalität. Ich möchte mein winterlich grau-graues Dunkeldeutschland zurück. Schrecklich schwarzwolkig verhangener Himmel, klitschig-nasse Blätter auf allen Wegen, Schneematsch auf den Wiesen, miese, schlecht gelaunte Gesichter in den Straßenbahnen, ansteckender Husten, kalte Füße, dicke Mäntel, blubbernde Öfen. Das fehlt mir.«

Er könne ja nicht mal darüber fluchen, dass es dem Winterdienst der Deutschen Bahn wieder nicht gelungen sei, die Schienen von Zügen zu enteisen. Er würde sich gern aufregen, dass die Nachbarn den Fußweg nicht gestreut hätten und die alte Frau mit Stock aus dem dritten Stock hingefallen wäre. Er würde gern mal in seine Hände hauchen, die nebelnass angelaufenen Fenster von innen abwischen, mit dem Finger einen Eisstern auf die Scheibe malen. All das fehle ihm. Er könne den Verlust des Schönen überhaupt nicht fühlen, wenn es immer schön sei. Als er das sagte, schien er traurig genug für heute zu sein.

Die schönste Bescherung

BISWEILEN IST ES ZU WEIHNACHTEN VIEL BESSER, ALS ES ZU WEIHNACHTEN WIRKLICH WAR.

Mein Nachbar erkundigte sich, ob ich ihm ein Weihnachtsmann-Kostüm leihen könne. »Wo wollen Sie denn Weihnachtsmann spielen?«, fragte ich. Er sagte, dass von wollen keine Rede sein könne, sondern dass er von der Familie aus dem ersten Stock links mit einer polnischen Gans und einem Kasten sächsischen Retterbiers bestochen wurde.

Er hoffe allerdings, dass er den Auftritt überlebe, denn im vergangenen Jahr sei er nur knapp einem Anschlag entgangen. »Was war denn da passiert?«, wollte ich wissen. Also, er sei mit einem Sack voller Geschenke und einem Zettel voller Anweisungen vor die Familie getreten. »Da flackerte das Feuer im Kamin, auf dem Sofa saßen zwei Kinder, zwei Hunde, Vater, Mutter und ein Großvater in der Ecke in einem Sessel«, erzählte er. »Alles ganz normal«, sagte ich.

Das habe er auch gedacht. Aber als er für den Großvater einen Gutschein für eine Reise in den Harz aus dem Sack genommen habe, sei der alte Herr aufgesprungen, habe geschrien, dass der Weihnachtsmann nur der Büttel seiner

Tochter sei, die ihn zwangsweise verschicken wolle wie einen Sudetendeutschen nach dem Zweiten Weltkrieg. Er habe den Gutschein in das Feuer des Kamins geschmissen, sich wieder in den Sessel gesetzt und sei eingeschlafen.

Dann habe mein Nachbar als Weihnachtsmann der Mutter ein Päckchen gereicht. Sie sei in Tränen ausgebrochen, weil das Päckchen ihrer Meinung nach etwas enthielt, das sie zur Sexsklavin degradiere, und da sie das geahnt habe, bekäme ihr Mann wie schon in den vergangenen Jahren nichts. Mein Nachbar habe sich beeilt, die Geschenke für das Mädchen und den Jungen aus dem Sack zu holen, eine Playstation, ein Keyboard, zwei MacBook Air, Flugtickets für einen Ferienaufenthalt auf den Malediven.

»Als ich sagte, ‚das bringt euch alles der Weihnachtsmann‘, ist der Vater ausgeflippt«, sagte mein Nachbar. Er habe die Lügen satt, schrie der Vater, denn diese sauteuren Geschenke seien nicht vom Weihnachtsmann, sondern würden von ihm bezahlt und von seiner Familie wie immer anstandslos absorbiert. In diesem Augenblick hätten sich die Hunde auf meinen Nachbarn gestürzt. Deshalb benötige er ein neues Weihnachtsmann-Kostüm. Die Familie wolle unbedingt, dass er wiederkomme, denn so eine schöne Bescherung wie vergangenes Jahr habe sie noch nie erlebt.

Der Heilige Abend der vergessenen Frauen

MIET-OMAS LIEGEN VOLL IM TREND EINER ZEIT, DIE URSPRÜNGLICH FÜR DIE FAMILIE RESERVIERT WAR.

Ich fahre kurz vor Weihnachten immer ins Erzgebirge, sorgte mich allerdings dieses Jahr ein wenig um meinen Nachbarn. Denn es hätte sein können, er sitzte am 24. allein in seiner Wohnung und bescherte sich mit Trübsal. Aber als wir uns vor zwei Tagen trafen, beruhigte er mich. Er erklärte, dass er den Heiligen Abend mit Oma verbringen werde. Ich sah ihn ungläubig an, denn dass seine Großmutter noch lebte, schien mir unwahrscheinlich.

Nein, meinte er, sie lebe nicht mehr. Aber auf den Fluren von Altersheimen stünden am Weihnachtsmorgen massenweise ältere Damen, die daran glaubten, dass sie einer abhole. Offensichtlich litten nicht sie, sondern ihre Kinder an Alzheimer, denn die Omas erinnerten sich klar daran, dass heute die Familie zusammenkomme, aber ihr Nachwuchs würde sie einfach vergessen. In diese Weihnachtsmarktlücke springe er. Mit einem Lächeln laufe er an den Frauen vorbei und lade dann eine oder auch zwei erst zu sich und dann in sein Auto ein. »Aber das ist doch eine klassische Entführung«, sagte ich.

»Unsinn«, entgegnete mein Nachbar. Es handele sich hier um Miet-Omas. Er hätte schon vor Jahren Altersheimen vorgeschlagen, dass sie die vergessenen Seniorinnen im Internet anbieten sollen, so wie man bei der Agentur für Arbeit Studenten als Weihnachtsmänner buchen könne. Außerdem sei jeder ein Beipackzettel beigepackt, wo der Zeitpunkt der Rückkehr, die Medikamenteneinnahmeordnung, Essgewohnheiten sowie persönlichkeitsbedingte Eigenheiten verzeichnet seien. Vergangenes Jahr habe er dummerweise die Zettel nicht richtig gelesen und deshalb nicht beachtet, dass eine der Frauen an einer Allergie gegen das Aufreißen von Geschenkpapier litt. Er habe noch während der Bescherung den Rettungsdienst rufen müssen und später eine Rüge vom ASB bekommen. Die andere Oma verhakte sich mit ihrem Gebiss in seinen Plätzchen. Aber mit einigen Litern Kaffee habe er nach zwei Stunden die Zähne vom Backwerk lösen können.

Ich fand das ziemlich pietätlos, mein Nachbar dagegen überhaupt nicht. Er freute sich auf die Bescherung und meinte, er würde diesmal die Gebrauchsanweisung genau lesen. Außerdem freue er sich auf die Geschenke, denn die würden Omas ebenfalls nie vergessen.

Im Land der Unmöglichkeiten

**EBOLA, EIN GENOZID ODER
SPIONAGE UNTERSTÜTZEN
DEN TOURISMUS.
HIER DER WEIHNACHTSBEWEIS.**

Ich fragte meinen Nachbarn, wo er denn in diesem Jahr seinen Weihnachtsurlaub verbringen wolle. Er meinte, dass er geplant habe, nicht in die USA zu reisen. Irgendwo nicht hinzureisen, sei gar nicht lustig, merkte ich an. Doch, doch, stellte mein Nachbar fest, das sei sehr lustig, er wäre auch schon vergangenes Jahr Weihnachten nicht in den USA gewesen.

Jetzt begann ich, mich für sein Reisevorhaben zu interessieren. Er zeigte mir einen Hefter, in dem mehrere Formulare abgelegt waren. »Ich wollte mit Esta in die USA. Esta stellte mir im Internet so viele Fragen, dass ich dachte, sie würde sich ernsthaft für mich interessieren«, sagte er. Er sei doch an den Feiertagen immer so allein. Deshalb antwortete er auf die Frage, ob er an viralem hämorrhagischem Fieber einschließlich Ebola, Lassa, Marburg und dem Krim-Kongo-Fieber leide, mit »Ja«. Warum das denn, wollte ich wissen. »Ich dachte, es handelt sich um ein Weihnachtsquiz, und von Marburg, der Krim, dem Kongo und Fieber hatte ich tatsächlich schon mal etwas gehört. Das wären immerhin vier Punkte gewesen.«

Ich konnte es nicht fassen. Ich erklärte ihm, dass es sich bei Esta um das Electronic System for Travel Authorization handeln würde, also das elektronisches System zur Einreisegenehmigung. Um ein Visum zu bekommen, müsse er da ehrlich antworten. Das habe mein Nachbar schon im vergangenen Jahr genauso gehandhabt. Doch allein die Frage, ob er »danach trachte, sich an terroristischen Aktivitäten, an Spionage, Sabotage oder einem Genozid zu beteiligen«, habe ihn in eine Sinnkrise gestürzt. Er konnte es letztlich nicht völlig ausschließen, antwortete mit »Ja«, und wenig später habe er eine nette Amerikanerin kennengelernt. Esta wäre schon nach wenigen Minuten mit mehreren Kollegen in seiner Wohnung aufgetaucht. »Ich hatte die USA bei mir, ich musste gar nicht mehr hin«, sagte er.

In seinen vier Wänden wurde er weiter befragt. Esta wollte von ihm wissen, ob er seit dem 1. März 2018 im Sudan, Jemen, in Syrien oder Somalia gewesen sei. »Ich war seit März nur in Saupsdorf, Jonsdorf, Stürza und Seelitz. Aber das glaubte sie mir nicht.« Die Folge sei ein Einreiseverbot ab dem 1. Dezember gewesen. Deshalb versuche er es in diesem Jahr einfach noch einmal. »Ich war noch niemals in New York, will da gar nicht hin«, sagte er. »Aber vielleicht kommt Esta zu Weihnachten noch mal zu mir. Dann können wir gemeinsam die Feiertage verbringen.«

Man riecht den Braten

WEIHNACHTEN MACHT NICHT IMMER FROH. GELEGENTLICH MUSS MAN BIS OSTERN WARTEN.

Mein Nachbar klingelte am vierten Advent an meiner Tür, kam herein, wir tranken Glühwein. Dann sagte er: »Weihnachten ist ja das Fest der Familie und des Friedens. Dennoch trennte ich mich schon vor Jahren im Unfrieden von meiner Familie.« Wie das passiert sei, wollte ich wissen. Er sagte: »Es fing damit an, dass meine Frau mich einmal kurz vor der Bescherung fragte: ›Glaubst du, das Leben wird nach dem Tod schöner?‹ Und ich antwortete: ›Das kommt ganz darauf an, wer stirbt.‹«

Mein Nachbar meinte, dass sie das wohl persönlich genommen und es seitdem darauf angelegt habe, den Advent in einer Art Friedhofsruhe zu verbringen. Er sagte: »Ich roch den Braten schon in den ersten Dezembertagen. Da stand meine Frau am Krisenherd, ich spürte, wie sie mir über die Jahre fremd geworden war. Ich dachte darüber nach, ob es die Möglichkeit geben würde, die Fremde abzuschieben.« Als er das seiner Gattin erzählt habe, sagte sie zu ihm: »Du wirst dich noch umgucken, wenn ich gehe.« Er habe gesagt: »Geh erst mal, umgeguckt habe ich mich schon.« Frohe Weihnachten, dachte ich.

Seine Frau begann danach einen Schweigemarsch. Und er habe, erzählte mein Nachbar, um das Schweigen zu brechen, Geschichten erzählt. Zum Beispiel die: »Einer Bauersfrau widerfährt ein großes Unglück, sie wird von einem Pferd totgetreten. Eine Woche später ruft der Pfarrer bei dem Witwer an und fragt: ›Haben Sie denn viele Beileidsbesuche gehabt?‹ ›Ja, Herr Pfarrer, ziemlich viele, alles Männer, und alle wollten das Pferd kaufen.‹«

Seine Angetraute habe daraufhin plötzlich gesprochen und erklärt, dass sie sich zu Weihnachten die Scheidung wünsche. Er habe geantwortet, dass er so viel gar nicht ausgeben wolle und sie doch wüsste, dass laut Ehevertrag erst der Tod sie scheide. Also habe seine Frau begonnen, Grabsteinsprüche zu sammeln. Die habe sie im Adventskalender hinter den Türchen versteckt. Am 1. Dezember fand er den ersten Grabsteinspruch: »Erster!«, am 2. Dezember den zweiten: »Warte auf dich!«, am dritten den dritten: »Die Putzfrau wird nie wieder kehren!« Dann las er gleich den nächsten Spruch vor: »Komme gleich wieder.« Dieser Satz besitze etwas sehr Buddhistisches, und er habe die Hoffnung gehegt, seine Frau werde sich wieder beruhigen. Aber hinter dem nächsten Türchen versteckte sich folgender Spruch: »Hier liegen meine Gebeine, ich wünschte, es wären deine«.

Dann sagte er: »Ich war darüber nicht erfreut und verbrannte den Adventskalender zu Nikolaus.« Ich fragte, wie die Beziehung zu Ende gegangen sei. Mein Nachbar meinte, dass es für ihn keine fröhliche Weihnacht mehr gegeben habe, obwohl man sich doch Weihnachten freuen sollte, weil da der Heiland geboren worden sei. Ostern sei er gestorben, also der Heiland, aber das wäre für ihn das schönste Fest, denn kurz zuvor sei seine Frau endlich ausgezogen.

Geschichte aus dem Schilderwald

DIE TEXTILINDUSTRIE GEHT MENSCHEN AN DEN KRAGEN, UND DANN SIND SIE GANZ AUFGEKRATZT.

Er kam nach der Bescherung mit einem Stapel Hemden und Hosen zu mir. »Ich brauche Sie dringend als Zeugen.« Dann setzte mein Nachbar den Stapel ab und meinte, dass er diese Textilien zu Weihnachten geschenkt bekommen habe, aber die ganze Vorfreude damit verflogen sei. Er griff sich mit der rechten Hand unters Kinn und sagte: »Ich hab' so einen Hals.«

Er nahm eine Hose, krempelte sie um und zeigte mir hinten am Bund mehrere lange Etiketten. »Sehen Sie das?«, fragte er. »Wenn die Zettel hinten aus der Hose raushängen, dann sieht das doch aus, als hätte Ihr Hintern ein Fax bekommen.« Ich sah es mir an und meinte, dass mir auch schon aufgefallen sei, dass die Hinweisschilder in Textilien immer mehr, immer länger und immer härter werden. »Richtig, deshalb bereite ich eine Klage gegen die Textilindustrie vor, denn die geht uns an den Kragen«, sagte mein Nachbar. »Oder meinen Sie, die Schilder sind nur drin, damit der Kunde weiß, wo hinten ist?«

Er holte aus dem Stapel ein Hemd hervor. Direkt am Nackenband befand sich ein Bündel von eingenähten Zetteln mit Aufdrucken des Labels, der internationalen Größen, des Herstellerlandes, einem ausführlichen Waschhinweis sowie einem Auszug aus der Europäischen Brandschutzordnung. Alles in 28 Sprachen. Mein Nachbar meinte, dass jeder nach dem Anziehen dieses Hemdes das Gefühl haben müsse, er trage einen Distelstrauch im Nacken. »Ich hab' so einen Hals.«

Die Industrie schaffe hinterhältige Mordwerkzeuge, erklärte er mir. Denn da ihn der Schilderwald störe, schneide er ihn immer ab, aber es bliebe stets dieses kleine Stück vor der Naht übrig. Dieser Reststreifen kratze, scheuere die Haut auf und richte so ein Blutbad an. Die Industrie stifte zudem Verwirrung, denn nach dem Abtrennen der Wäscheeinnäher bestehe die Gefahr, nicht mehr zu wissen, wie man den Stoff säubern oder wie heiß man ihn bügeln könne. Er besitze deshalb eine Schachtel, in der er jedem Kleidungsstück zugeordnet die abgeschnittenen Etiketten aufbewahre. Einige seien ihm jedoch durcheinandergeraten, und so befürchte er nun, dass er ein grünes Hemd mit der Anleitung für eine weiße Unterhose behandeln könnte. »Ich hab' so einen Hals.«

Mein Nachbar fragte mich, ob ich bezeugen könne, dass sein Nacken aufgescheuert sei. Ich bestätigte es. Als Beweisstücke lege er der Klageschrift ausgewählte Etiketten bei. Er klage auf Unterlassung. »Ich gehe bis zum Europäischen Gerichtshof, so aufgekratzt bin ich.«

 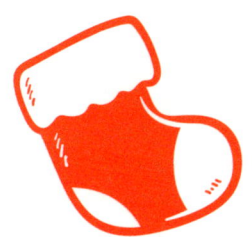 

Das zweite Geschenk

**ETLICHE HAUSHALTGERÄTE
HALTEN LÄNGER ALS GEDACHT,
ANDERE HALTEN NICHT
MAL VERSPRECHEN.**

Es roch am 24. Dezember im Haus, als würden elektronische Geräte schmoren. Ich wollte gerade die Feuerwehr alarmieren, da klingelte es an meiner Tür. Ich öffnete, mein Nachbar stand vor mir, hielt in seiner Hand ein Kabel, an dessen Ende etwas Schwarzes baumelte, das rauchte. »Was ist das?«, fragte ich.

Er blickte traurig und sagte: »Die Frage sollte eher lauten: Was war das?« Ich wollte ihm sagen, dass er ein Krümelkacker sei, da gab er mir zu verstehen, dass das verkohlte Teil am Ende des Kabels einst ein Weihnachtsgeschenk gewesen sei, ein Klappbrotröster made in GDR. Er sagte: »Dieses Produkt aus der Konsumgüterproduktion habe ich meiner Frau 1979 zu Weihnachten geschenkt, und es arbeitete bis vor wenigen Minuten einwandfrei. 40 Jahre hat es jeden Morgen, auch im Advent, Brot geröstet, und das ohne Angabe eines ultimativen Haltbarkeitsdatums.«

Ich bewunderte die Reste seiner Vergangenheit, da erklärte mir mein Nachbar, dass Menschen von heute diese großartige Erfahrung eines dauerhaft funktionierenden Haushaltsgerätes gar nicht mehr machen würden. Jetzt würden Menschen moderne Hochtechnologie unter den Weihnachtsbaum legen. Aber diese Technik sei so programmiert, dass das Produktdasein spätestens nach Ablauf der Garantiezeit ende. Außerdem habe sein ostalgisches Heizwerk nicht nur Brot aufgebacken, sondern besonders im kalten Winter als kleiner Elektroofen in der Küche gedient. Er sagte: »In der Weihnachtszeit haben wir einfach links und rechts die Metalldeckel runtergeklappt, und schon konnten wir vor den glühenden Spiralen unsere kalten Hände wärmen.«

Kein Display habe damals gefordert, vor dem Arbeitsgang Getreideart, Zusammensetzung des Backwerkes oder gar den erwünschten Durchtoastungsgrad einzugeben. Sein Gerät habe einfach so getoastet und geheizt. Er sagte: »Und wenn es Weihnachten mal qualmte, dann wussten wir, auch ohne digitale Verschmutzungsanzeige, dass zu viele Krümel im Krümelkasten lagen. Da habe ich einfach mal kräftig geschüttelt, und das Ding ging wieder.«

Er werde seinen Toaster jetzt in aller Stille als Brandmal des Ostens würdig beerdigen und danke ihm für 40 Jahre treue Dienste im Kücheneinsatz. Im Übrigen habe er 1979 in weiser Voraussicht zwei dieser Klappbrotröster gekauft, und jetzt könne er sich endlich zur Bescherung das Ersatzgerät schenken. »Das wird mich bestimmt überleben«, sagte er und verdrückte eine Träne.

Eiskalt erwischt

DIE WINTERWEIHNACHTSZEIT KANN MENSCHEN ZU EIGENTÜMLICHEN RATGEBERN WERDEN LASSEN.

Ich ging am 24. vormittags runter auf den Fußweg, denn die Hausordnung schrieb mir vor, Weihnachten Schnee zu schippen. Als ich anfangen wollte, entdeckte ich meinen Nachbarn, wie er versuchte, eine silberne Matte von der Frontscheibe seines Autos zu heben. Er öffnete die Beifahrertür, ging auf die andere Seite, öffnete die Fahrertür und warf die Plane voller Schnee quer über die Motorhaube, wobei ein gutes Kilo Flocken auf dem Beifahrersitz landete.

»Das darf doch nicht wahr sein!«, hörte ich ihn ausrufen. Dann lief er zu einem Stativ, das etwa 20 Meter entfernt aufgebaut war. Dort begann er, an einer Kamera zu hantieren. »Filmen Sie, was Sie da tun?«, fragte ich. Er antwortete nicht, sondern rannte zurück zu seinem Auto, legte die Plane wieder auf die Scheibe, warf Schnee darauf, schloss die Türen.

Kurz darauf blickte er zu der Kamera und sagte: »Hallo zusammen, liebe Freunde! In diesem Weihnachtsvideo möchte ich euch zeigen, was ich immer im Winter in meinem Pkw mit mir mitnehme, um meine Scheibe zu schützen. Ja, was kann ich euch da empfehlen, was ihr Hilfreiches schenken könnt, wenn ihr die Verwandten zu Weihnachten besuchen wollt? Viel Spaß!« Er machte eine Pause, dann sprach er weiter: »Also, ich habe da hier jetzt immer als Erstes eine Abdeckthermoschneematte mit, klar, das sieht man jetzt. Auf der Abdeckthermoschneematte steht – das sieht man jetzt nicht, ist ja Schnee drauf – also das ist nicht irgendeine Abdeckthermoschneematte, sondern da steht drauf: ›Carport to go‹.« Er brach ab, ging zur Kamera und sah sich an, was er gefilmt hatte.

»Sie drehen wirklich ein Video«, sagte ich. »Ja, für YouTube zu Weihnachten. Ich baue mir gerade als Hobbyfilmer einen Autokanal auf und gebe Wintertipps vom PS-Profi. In diesem Clip empfehle ich Abdeckthermoschneematten gegen Schnee.« Ich fragte, ob es da wirklich Unterschiede gebe. Er meinte, ja, denn nicht alle wären beschriftet, sondern auf manchen würden Pinguine stehen, auf anderen Eisbären schlafen. Super wären jene, wo der Name des Besitzers draufstehe, denn so finde der sein Auto im Schnee schnell wieder.

Plötzlich schlug er vor, wir zwei sollten vor der Kamera zusammen Schnee schippen. Dann könnten wir laut rufen: »Wir paarschippen jetzt! Frohes Fest!« Ich lächelte kurz und antwortete: »Lassen Sie mal, ich beschere mich lieber ganz privat ohne Kamera.«

Grüße an den Weihnachtsmann

DAS FEST DER FAMILIE HAT SEINE TÜCKEN. NICHT IMMER LÄSST SICH ALLES WEITERGEBEN.

Er kam auf mich zu und sagte: »Eh ich es vergesse, ich soll Ihnen beste Weihnachtsgrüße von dem …, na Sie wissen schon von wem, … ausrichten.« Ich kannte keinen Na-Sie-wissen-schon-von-Wem, wollte aber höflich sein und meinte, mein Nachbar solle bitte denjenigen herzlich zum Fest zurückgrüßen.

Er aber sagte genervt: »Nein, das werde ich auf keinen Fall tun. Ich gehe doch an den Feiertagen nicht los und suche irgendeinen Menschen, dessen Namen ich mir nicht mal merken kann, verbringe Stunden damit, ihn nicht zu finden, nur damit ich Ihren Wunsch erfülle, denjenigen von Ihnen schön zurückzugrüßen.« Er trat einen Schritt näher an mich heran und gab mir zu verstehen, dass er es besonders kurz vor Heiligabend nicht ertrage, wenn er irgendjemandem von irgendjemandem etwas ausrichten solle, wo doch gerade im Advent jeder jeden grüße und beste Wünsche wünsche. Das gleiche einer Erpressung. »Wie komme ich denn dazu, bin ich Ihr Grußaugust!? Weiß ich denn, ob derjenige Sie überhaupt mag, ob er Weihnachtsgrüße entgegennehmen möchte oder sein Bedarf daran nicht längst gedeckt ist, ob ihm die Grüße reichen oder ihn etwa enttäuschen, weil er etwas ganz anderes von Ihnen erwartet?«

Außerdem renne er am Ende in der Kälte nur hin und her, um die Grüße von dem einen an den anderen auszurichten und dann von dem anderen wiederum an den einen. »Das nimmt doch kein Ende.« Da könne er sich ja gleich in ein Perpetuum mobile verwandeln. Zudem erfülle die Grüßerei den Tatbestand der Seelenverletzung, denn solange er die Weihnachtsgrüße nicht an den anderen loswerde, bekäme er ja ein schlechtes Gewissen, weil der Wunsch nicht erfüllt sei. Und bekanntlich müsse man ja zu Weihnachten die Wünsche der anderen erfüllen. Es wäre für ihn extrem belastend, tagelang mit den Grüßen herumzurennen. Ich solle mir mal vorstellen, was erst geschehe, wenn er vergesse, die Grüße auszurichten, und der andere dann zur Bescherung frage, ob er die Grüße ausgerichtet habe.

Ich meinte, dass es doch eine nette Geste wäre, wenn zum Beispiel ein Mann seinem Freund sagt, dass der seine Frau von ihm grüßen möge. Mein Nachbar griff sich an den Kopf. »Wie kommen Sie denn darauf, dass sich der Mann und dann erst noch die Frau gerade zum Fest der Familie darüber freut, dass ihr Mann ihr von einem anderen Mann Grüße mitbringt, anstatt zum Beispiel schönen Schmuck?« Der Mann würde sich viel eher Gedanken darüber machen, wie denn der Freund dazu käme, seine Frau zu grüßen. Möglicherweise wäre die feierliche Abendstimmung hin. »Ein falscher Gruß, und Sie lösen in jeder Beziehung eine Katastrophe aus.«

Wunschzettel für alle

**KRATZBAUM, URLAUB, VITALKOST
UND ANTIPILLING-AUSRÜSTUNG
MACHEN EINFACH NUR GLÜCKLICH.**

Mein Nachbar sah zufrieden aus. Ja, meinte er, die vielen Wünsche zum Weihnachtsfest seien richtig motivierend gewesen. Bücher.de habe ihm zum Beispiel geschrieben, dass er zum Fest Bücher lesen dürfe und diese sogar versandkostenfrei zugeschickt bekomme. Von expedia.de erhielt er eine Mail, dass er in den Weihnachtsurlaubsurlaub fliegen könne. Medpex.de sandte ein Angebot für einen leichten Start in die Feiertage und stellte dafür ein Superset aus zwei Dosen Vitalkost als Liebling des Monats zusammen, 100 Gramm für nur 1,29 Euro. Dazu las er sofort eine Kundenrezension: »Das Produkt schmeckt einfach nur scheußlich und widerlich. Jetzt weiß ich auch, warum es so günstig ist. Habe es gleich entsorgt.« Kunden, die dieses Produkt bestellten, interessierten sich übrigens auch für Schmerzfluid, Hustensaft und Grippostad C.

Vor allem aber sei mein Nachbar glücklich, weil seine Exfrau ihm zur Bescherung einen Kratzbaum geschenkt habe, den sie vergangenes Jahr zu Weihnachten bekommen habe, aber nicht brauche. »Einen was, bitte?«, fragte ich. Er sagte: »Einen Kratzbaum Natural Paradise XL Standard mit Echtholzplatten aus nachhaltiger Waldwirtschaft und waschbaren Liegeflächen.« Der Baum stehe jetzt statt einer Nordmanntanne mitten in seiner Stube, er reibe sich mehrmals täglich mit dem Rücken daran, kralle sich mit seinen Fingernägeln in den robusten Stamm oder klettere ganz nach oben, um sich dort im Schneidersitz niederzulassen. Dabei entspanne er ganz vorzüglich. Zooplus.de habe ihm deshalb zum Fest schnell gleichfalls das Beste gewünscht und einen Federwedel empfohlen, mit dem Link zu einer Kundenrezension von Rina: »Romeo ist sonst eher schwer für etwas zu begeistern, aber er hat den Federwedel gesehen, und schon ging er ab. Und Linus erst. Er knurrt, faucht und hat richtig Spaß dabei.«

Auch stoff4you.de wünschte ihm das Beste und bot flauschig-weichen Fleece mit Antipilling-Ausrüstung, damit sich diese unschönen kleinen Knötchen gar nicht erst bilden könnten. Da überlege er noch, was er damit anstelle. Amazon.de ersehne für ihn das Schönste und biete die Möglichkeit, sofort halber Millionär zu werden. Mein Nachbar erklärte: »In einer Tüte gibt es für 24,50 Euro eine halbe Million Euro in frisch geschredderten Geldscheinen.« Die könne er wie ein Puzzle über die Feiertage zusammenkleben, da würde er sich wenigstens nicht langweilen.

Christkrücke zerkleinert

DAS ENTSORGEN EINES ÜBERLAGERTEN WEIHNACHTSBAUMES FÜHRT ZU SCHRÄGEN METHODEN.

Auf unserer Etage lag vor fünf Tagen mitten im Flur ein Stück Nadelwald. Ich sagte: »Oh, Tannenbaum!« Denn selbiger sah erbärmlich aus; ihm fehlten Nadeln, Äste waren umgeknickt, die Spitze nicht mehr vorhanden. Mein Nachbar sah aus seiner Tür und rief: »Ich räum das Ding schon noch weg!« Gestern lag der Baum immer noch da.

»Was soll ich denn mit der Christkrücke machen?«, fragte mein Nachbar heute plötzlich. Er könne sie nicht verheizen, da er keinen Ofen habe. Er könne sie nicht aus dem Fenster werfen, da vor seinem Fenster lauter Blumentöpfe und Lampen stünden. Er könne sie nicht zu den Elefanten im Zoo bringen, weil ja nichts mehr an dem Baum dran sei, was die Dickhäuter fressen würden. Er könne sie nicht in die Biomülltonne schmeißen, weil sie, also die alte Mistgurke, nicht die Elefanten, viel zu groß sei. Er könne sie nicht zu einer Sammelstelle bringen, weil er gar nicht wisse, wo sich die Sammelstelle für überlagerte Weihnachtsbäume befinde. Er könne das Gezweig nicht in den Wald bringen, weil das schon viele andere machen würden und man dann ja den Wald vor lauter Bäumen nicht mehr sähe. Er könne den Biomüll auch nicht so lange in seiner Wohnung behalten, bis er sich in Kompost verwandle, weil das vermutlich bis zum überübernächsten Weihnachtsfest dauern würde.

Plötzlich durchzuckte es ihn: »Zerkleinern! Dass mir das jetzt erst einfällt! Ich zerkleinere den abbaubaren Bescherungsrestmüll, trage ihn dann in Einzelteilen nach und nach in meiner Jacken- oder Hosentasche aus dem Haus, um ihn im Park zu verstreuen.« Ich versuchte, ihm die Idee auszureden und wies darauf hin, dass im Abfallkalender geschrieben stehe, dass der Müllservice in wenigen Tagen die Altbäume abhole. Er sagte: »Das ist zu spät, viel zu spät, am Dreikönigstag muss der Lamettaträger raus aus der Bude.«

Unvermittelt hielt er inne. »Ich hab' es! Ich bringe die Reste auf den Friedhof zu meiner Mutter. Die freut sich, wenn ich ihr was Warmes auf den Bauch lege und sie in diesem Winter nicht frieren muss, es soll ja noch heftig schneien. Dass ich da nicht früher drauf gekommen bin!« Er zog seinen Mantel an, nahm den Weihnachtsbaum und zog ihn weihevoll hinter sich her.

Morgen wird's nicht geben

AHNUNGSLOS GEHEN DIE SACHSEN INS NEUE JAHR, GENAUSO WIE IN EIN SCHWARZES LOCH.

Ich fragte meinen Nachbarn gestern, was Weihnachten sein schönstes Geschenk gewesen sei. Er sagte: »Sie können doch am 28. Dezember nicht nach der Bescherung von vorvorvorgestern fragen. Das ist vorbei, fertig, aus!«

Er erklärte mir, dass er es nicht ertrage, dass in diesen Tagen nur nach hinten gesehen werde. Auf jedem Fernsehkanal laufe ein ultimativer Jahresrückblick. Moderatoren würden sogar in Zoos gehen und Bananenschnecken oder Faultiere nach den Höhepunkten der vergangenen Monate befragen. »Dabei sind die geilsten Stunden genau die gewesen, wo wir absolut nichts taten«, sagte er. »In der Rückschau wird das Leben nur verdoppelt, Folter einmal vor und zurück macht es aber nicht besser.«

Ich wollte ihn gerade bedauern und darauf hinweisen, dass es sicher auch glückliche Sekunden für ihn in den vergangenen Stunden gegeben habe, da meinte er, dass ihn ein Jahresvorblick viel mehr interessiere. Er wolle erfahren, was in den nächsten Wochen außer Februar und März dem Januar folge, ob weiterhin der Tag zur Nacht gemacht werde. Schließlich fahre er doch mit seinem Auto auch nicht einfach blind in ein Schwarzes Loch. »Ich möchte wissen, ob ich eine Vorliebe für fluoreszierende Zahnseide entwickeln werde, ob Anti-Schuppen-Shampoos endlich helfen, wie lange meine Leberzirrhose noch mitmacht, ob ich meine geplante Selbstmordattacke umsetze und danach verhört werde, ob es 2020 Raucherpausen für Klärwerkswartungstaucherinnen geben wird und ob sich eine in mich verliebt, weil ich die gewerkschaftliche Initiative dafür ergriffen habe«, sagte er.

Ich riet ihm, die Sternzeichen zu deuten, denn genauer werde er es nicht bekommen. »Prognosen von heute sind die Lügen von morgen«, sagte ich. Er sah mich ungläubig an und meinte, dass es doch zum Beispiel Voraussagen für das deutsche Wirtschaftswachstum gebe. Die unterschieden sich für kommendes Jahr im Vergleich zu diesem Jahr um 0,3 Prozent: laut Bundesregierung 0,2 Prozent Verbesserung und laut Bundesbank 0,1 Prozent Verschlechterung. Ich sagte: »Dann kennen Sie die Zukunft ja aufs Zehntel genau.« Er nickte und fragte mich, was für einen Einfluss das auf sein Leben haben werde. Ich sagte: »Keinen.« Er sagte: »Sehen Sie, Sie gehen auch blind ins neue Jahr.«

Freiheit für Räuchermann!

EINE INITIATIVE FORDERT, DASS WEIHNACHTSFIGUREN ENDLICH AUCH OSTERN FEIERN KÖNNEN.

Als ich meinen Nachbarn drei Monate nach Weihnachten besuchte, da sah ich in seinem Wohnzimmer auf Regalen Weihnachtsmänner, Räuchermänner und Nussknacker still vor sich hinstehen. Staubbedeckt verharrten sie dort, als würden sie auf irgendetwas warten.

Ich betrachtete die Weihnachtskompanie und empfahl meinem Nachbarn, kurz vor Ostern die Heilig-Abend-Brigade auf den Boden zu schaffen. Er sagte:»Ich dachte auch schon, es ist höchste Zeit, sie zu entsorgen, aber es kommt ja keiner, um sie wegzuschaffen.« So sei das im Leben, erklärte ich, immer wenn keiner gebraucht werde, dann komme er auch nicht. Ich schlug ihm vor, die Holzmänner selber wegzutragen.

Mein Nachbar entgegnete:»Ich bin doch kein Dekorateur und meine Wohnung kein Wechselrahmen. Außerdem ist der Sack des Weihnachtsmannes genauso voll wie der des Osterhasen. Nussknacker können hervorragend Eier spalten und Räuchermänner Myrrhearoma ebenso gut verbreiten wie Osterglockenduft.« Er könne nicht nachvollziehen, wie sich je nach Feiertag die persönliche Kulisse ändern müsse. Im Advent, schimpfte er, verwandle sich selbst der letzte Baumarkt in eine glitzernde Winterlandschaft mit Figuren aus tausendundeiner Weihnacht. Jede noch so lächerliche Ladenfläche betäube Kundinnen und Kunden mit Weihnachtsliedersound und bestäube sie mit Sandelholzstaub.

Aber kaum dass der 24. vorbei sei, kämen die ersten Hasen in die Schaufenster gehoppelt. Eier türmten sich plötzlich zu Bergen wie vorher Weihnachtsbaumkugeln, obwohl sich das optisch kaum unterscheide. Überall würden wie von Zauberhand Schokoladenmümmelmänner lümmeln, obwohl die sowieso niemand essen könne, weil ja jeder noch die Kalorien der vergangenen Bescherung als Speckgürtel mit sich rumschleppe. Die Heiligen Drei Könige würden ausgetauscht gegen Lämmer, Hasen und Hühner. »Ei, ei, ei – es braucht eine Initiative, dass sich etwas ändert, ohne dass ich etwas ändern muss«, sagte er.

Er habe sich deshalb entschlossen, zu Ostern Weihnachts-, Räuchermänner und Nussknacker stehen zu lassen, denn es sei rassistisch, dass man die einfach wegsperre und ihnen die Möglichkeit zur Auferstehung verwehre.

1. **Wie groß ist durchschnittlich der Durchmesser einer Schneeflocke?**
   a) 5 Millimeter
   b) 8 Millimeter
   c) 38 Millimeter
   d) 0,2 Millimeter

2. **Was sind die drei beliebtesten Weihnachtsgeschenke der Deutschen?**
   a) Stollen, Kerzen, Räucherkerzen
   b) Pyramiden, Nussknacker, Plüschtiere
   c) Bücher, Spielwaren, Bekleidung
   d) Parfüm, Reisen, Konzertkarten

3. **Wann lag das letzte Mal während der Weihnachtsfeiertage in ganz Deutschland Schnee?**
   a) 1947
   b) 2010
   c) 1998
   d) 2016

4. Wann kaufen die Deutschen den größten Teil ihrer Weihnachtsgeschenke?
a) im September
b) am 24. Dezember
c) Ende November
d) in den ersten beiden Dezemberwochen

5. Ist es erlaubt, blinkenden Weihnachtsschmuck im Auto anzubringen?
a) nein
b) nur mit Genehmigung der Kfz-Zulassungsstelle
c) erst ab den 21. Lebensjahr
d) ja

6. Wie viel Prozent der Deutschen gehen zu Weihnachten in die Kirche?
a) 78 Prozent
b) 20 Prozent
c) 46 Prozent
d) 98 Prozent

7. Was trägt man in England beim Weihnachtsessen auf dem Kopf?
a) eine Strickmütze
b) eine Papierkrone
c) ein Stirnband mit Feder
d) gar nichts

8. **Wer ordnete der Überlieferung nach die Volkszählung an, die Maria und Josef zwang, nach Bethlehem zu reisen?**
a) Pontius Pilatus
b) König Herodes
c) es gab gar keine Volkszählung
d) Kaiser Augustus

9. **Welcher Schlagersänger sang die schönsten Weihnachtslieder für die CD »Schöne Weihnachtszeit« ein?**
a) Udo Jürgens
b) Roland Kaiser
c) Hartmut Schulze-Gerlach (Muck)
d) Frank Schöbel

10. Wer hat das Lied »Vom Himmel hoch, da komm ich her« gedichtet?
a) Dieter Bohlen
b) Rolf Zuckowski
c) Martin Luther
d) Johann Wolfgang von Goethe

11. Wo vor allem wächst der Weihnachtskaktus?
a) in Südamerika
b) in Asien
c) in Europa
d) in Neuseeland

12. Seit wann gibt es den Weihnachtsbaum mit gläsernen Kugeln?

a) seit dem Mittelalter

b) seit Mitte des 19. Jahrhunderts

c) seit der Geburt Jesu

d) seit Walt Disney Filme produziert

13. Wieso stehen zu Weihnachten Ochs und Esel an der Krippe?

a) weil Ochs und Esel nicht mal den Sozialismus in seinem Lauf aufgehalten haben

b) weil Ochs und Esel die einzigen Tiere sind, die sich mit Schafen vertragen

c) weil Ochs und Esel keine kleinen Kinder fressen

d) weil Ochs und Esel das Sinnbild für arme Menschen sind

14. Wie viele Weihnachtslieder gibt es?

a) über 8 000

b) exakt 473

c) rund 20 000

d) das hat bisher keiner gezählt

15. Wo wird nicht Weihnachten gefeiert?

a) in Christmas in Florida

b) in Jerusalem

c) im Vatikan

d) auf den Weihnachtsinseln

16. Was sind die traditionellen Weihnachtsfarben?
a) Grün, Rot, Gold
b) Rot, Silber, Orange
c) Weiß, Grün, Gelb
d) Pink, Rosa, Blau

17. Aus welcher Region kommen die Weihnachtspyramiden?
a) aus dem Lausitzer Bergland
b) aus dem Bayerischen Wald
c) aus dem Erzgebirge
d) aus den Schweizer Alpen

18. Welche dieser regionalen Plätzchensorten gibt es nicht?
a) Coburger Schmätzchen
b) Dettelbacher Muskatzinen
c) Pulsnitzer Spitzen
d) Viechtacher Bärenmandeln

19. Welches ist das gesündeste traditionelle Weihnachtsessen?
a) Gans mit Knödel und Rotkraut
b) Karpfen mit Gemüse und Kartoffeln
c) Würstchen mit Kartoffelsalat mit Speck
d) Hirschbraten in Weinsoße mit Pommes

20. Wann feiern die orthodoxen Kirchen Weihnachten?
a) am 24. Dezember
b) am 25. Dezember
c) am 6./7. Januar
d) am 27. Januar

21. Zitronat gehört in den Christstollen. Mithilfe welcher Früchte wurde es in der DDR ersetzt?

a) Pomeranzen

b) Äpfel

c) Quitten

d) grüne Tomaten

22. Wo findet am 24. Dezember die Mettenschicht mit Bergaufzug zum Sauberg statt?

a) in Görlitz

b) in Dresden

c) in Ehrenfriedersdorf

d) in Seiffen

23. Seit wann schreiben Kinder einen Wunschzettel an den Weihnachtsmann?

a) seit Jesu Geburt

b) seit der Gründung von Coca Cola

c) seit sie Amazon annimmt

d) seit etwa 150 Jahren

24. Von wem stammt die Idee, Weihnachtsgeld zu zahlen?

a) von der DDR-Gewerkschaft FDGB

b) von der Schuhmacherzunft

c) vom Papst

d) von Maria

Auflösung Quiz

1 a)

5 Millimeter beträgt normalerweise der Durchmesser einer Schneeflocke.

2 c)

Die beliebtesten Weihnachtsgeschenke sind Bücher, Spielwaren, Bekleidung. Laut einer Umfrage von Statistika schenken 35 Prozent der Deutschen Bücher, 34 Prozent Spielwaren und 29 Prozent Bekleidung.

3 b)

2010 lag während der Weihnachtsfeiertage in ganz Deutschland Schnee, zum ersten Mal wieder seit 30 Jahren.

4 d)

Laut einer Umfrage von Statistika kaufen 39 Prozent der Deutschen ihre Weihnachtsgeschenke in den ersten beiden Dezemberwochen, nur acht Prozent haben sie bis Ende Oktober schon gekauft, und 23 Prozent kaufen ihre Geschenke in den letzten beiden Wochen vor Weihnachten.

5 a)

Nein, denn grundsätzlich ist laut Straßenverkehrszu-
lassungsordnung alles, was im oder am Auto leuchtet
und nicht explizit zugelassen ist, verboten.

6 c)

Laut einer Umfrage des Marktforschungsinstitutes
YouGov gehen 46 Prozent der Deutschen Weihnachten
in die Kirche.

7 b)

Die Papierkrone ähnelt einer einfachen Krone. Sie soll
vermutlich an die drei Weisen aus dem Morgenland
oder aber an König und Königin erinnern.

8 d)

Im Lukas-Evangelium (LK 2,1–20), heißt es: »In jenen
Tagen erließ Kaiser Augustus den Befehl, alle Bewohner
des Reiches in Steuerlisten einzutragen.«

9 b)

Roland Kaiser sammelte alle Weihnachtsvolkslieder
auf einer CD. Er ist Träger der Dresdner Ehrenmedaille.

10 c)

Dieses bekannteste seiner Lieder dichtete Luther
wahrscheinlich 1535 für die Weihnachtsbescherung
seiner eigenen Kinder.

11 a)

Die Gattung »Schlumbergera« ist in der Mata Atlântica im Südosten Brasiliens in den küstennahen Gebirgen verbreitet. Den deutschen Namen »Weihnachtskaktus« hat die kultivierte Pflanze bekommen, weil sie bei uns in Mitteleuropa um die Weihnachtszeit blüht.

12 b)

Der gläserne Christbaumschmuck wird seit Mitte des 19. Jahrhunderts vor allem in Thüringen gefertigt.

13 d)

Es gibt einen alttestamentarischen Text des Propheten Jesaja, in dem Ochs und Esel das Kind in der Krippe anbeten. Die Tiere stehen hier für Menschen, die Gott nicht vergessen haben. Beide sind Arbeitstiere. Auch kleine Bauern, Knechte und Mägde mussten schuften wie Ochs und Esel.

14 a)

Im Volksliedarchiv in Graz existiert ein Weihnachtsliederregister mit 8 355 Weihnachtstiteln.

15 d)

Da auf den Weihnachtsinseln die meisten Bewohner Buddhisten sind, wird dort kein Weihnachtsfest gefeiert.

16 a)

Die traditionellen drei Farben des Weihnachtsfestes sind Grün, Rot und Gold. Grün ist ein Symbol des Lebens und der Wiedergeburt, Rot symbolisiert das Blut Christi, und Gold steht für Licht, Reichtum und Königtum.

17 c)

Weihnachtspyramiden sind ein Bestandteil der Volkskunst und des Brauchtums im Erzgebirge.

18 d)

Die Viechtacher Bärenmandeln sind ausgedacht, die andern drei kann man getrost kaufen und kosten.

19 b)

Natürlich sind Karpfen und Gemüse samt Kartoffeln am gesündesten, Hirschbraten mit Pommes sollte man verweigern.

20 c)

Während die meisten Christen Heiligabend und Weihnachten am 24. und 25./26. Dezember feiern, begehen zahlreiche orthodoxe Kirchen Christi Geburt erst am 6. und 7. Januar. Der Grund dafür sind unterschiedliche Kalender.

21 d)

Zitronat wird durch Kandieren der Schalen der Zitronat-zitrone hergestellt. In der DDR wurde mangels Verfüg-barkeit von Zitrusfrüchten ein Ersatz aus grünen Tomaten namens Kandinat T entwickelt.

22 c)

Am 24. Dezember findet ab 6:00 Uhr in Ehrenfriedersdorf die Mettenschicht mit Bergaufzug zum Sauberg statt.

23 d)

Seit mindestens 150 Jahren schreiben Kinder einen Wunschzettel an den Weihnachtsmann. Und viele schicken ihn an eins der sechs großen Weihnachts-postämter.

24 b)

In der Schuhmacherzunft war es früher üblich, dass der Meister seinen Lehrlingen zu Weihnachten ein Stück Leder schenkte, aus dem diese sich ein Paar Schuhe machen konnten. Wahrscheinlich hatten andere Zünfte ähnliche Traditionen, die sich allmählich zu einer weihnachtlichen Geldzuwendung entwickelten.